W0321156

Astrid Meinbrok

Blühen wie die Lilien

Der Garten in der Bibel

Agentur des Rauhen Hauses Hamburg

Inhalt

Vorwort

Die Bibel ist voll von Bildern und Symbolen aus der Welt des Gartens. Blüte und Frucht, Wurzel und Wasser, Saat und Ernte, Baum und Rebe stehen im Mittelpunkt von Gedanken und Geschichten, Gleichnissen und Psalmen. Gärten sind auch Schauplatz entscheidender Geschehnisse, ganz am Anfang der biblischen Überlieferung, im Garten Eden, ebenso wie ganz am Ende der Evangelien im Garten Gethsemane und am Ort der Auferstehung.

Wer selbst einen Garten besitzt und beackert, kann die Bildsprache des Gartens aus dem persönlichen Erleben von Werden und Wachsen, Fülle und Dürre, Gedeihen und Vergehen besonders unmittelbar nachempfinden. Aber auch wenn Sie nur ein paar Blumentöpfe auf dem Balkon pflegen oder mit offenen Augen zwischen Hausgärten oder in Parkanlagen spazieren gehen, werden Sie viele der Gedanken und biblischen Gartenmotive wiederfinden.

Für Entdeckungen dieser Art möchte dieses Buch den Blick schärfen und neue Perspektiven eröffnen. Ausgewählte Bibelworte werden in Beziehung gesetzt zur Welt des Gartens, aber auch zur heutigen Glaubens- und Lebenserfahrung. Hinzu kommen vielfältige Hintergrundinformationen, etwa über die Gartenkultur in biblischer Zeit, über Gartengeschichte, biblische Gartenmotive in Kunst und Kultur, über Kloster-, Pfarr- und Bibelgärten und anderes mehr, dazu Gedicht- und Liedtexte und nicht zuletzt viele schöne Bilder – zum Betrachten, Bedenken, Nachspüren und Genießen.

Die Pflanzenbezeichnung „Lilie“ wird in der Bibel, ebenso wie generell in der Kulturgeschichte, sehr großzügig verwendet

Blühen wie die Lilien

Wenn das abtrünnige Volk Israel sich wieder zum Herrn bekennt und um Vergebung bittet, dann will Gott es herzlich aufnehmen. Ganz ausdrücklich sagt er: „Gerne will ich sie lieben“ und vertieft dieses Versprechen mit dem zarten, poetischen Bild von dem Tau und den Lilien, wie es uns ähnlich auch bei Jesaja (35,1) begegnet: „Die Wüste und Einöde wird frohlocken, und die Steppe wird jubeln und wird blühen wie die Lilien.“
Diese einladende Liebeserklärung Gottes an die Menschen, die fast wie eine alttestamentliche Version des Gleichnisses vom verlorenen Sohn anmutet, gibt diesem Buch seinen Titel.

Ich will für Israel wie ein Tau sein, dass es blühen soll wie eine Lilie.

Hosea 14,6

Und Gott der Herr pflanzte einen Garten

Der Garten Eden

Nach landläufiger Vorstellung steht das Paradies ganz am Anfang der Geschichte Gottes mit den Menschen, wie die Bibel sie schildert. Das stimmt so nicht. Am Beginn des 1. Buches Mose gibt es zwei Schöpfungserzählungen, und in der ersten kommt der Paradiesgarten gar nicht vor. An fünf Tagen macht Gott die Welt, am sechsten Tag schafft er die Menschen „zu seinem Bilde“, als Mann und Frau, und übergibt ihnen die Erde. Damit findet die Schöpfung ihren krönenden Abschluss: „und siehe, es war sehr gut“ – an den fünf Tagen zuvor war es immer nur „gut“ gewesen! Und am siebten Tag wird geruht.

Und Gott schuf den Menschen zu seinem Bilde, zum Bilde Gottes schuf er ihn; und schuf sie als Mann und Frau. Und Gott segnete sie und sprach zu ihnen: Seid fruchtbar und mehret euch und füllet die Erde und machet sie euch untertan (…). Und Gott sah an alles, was er gemacht hatte, und siehe, es war sehr gut.
1. Mose 1,27.28.31

Anders im ungleich längeren zweiten Schöpfungsbericht. Gott macht einen Menschen aus

Palast- und Tempelgärten im alten Orient

Ich tat große Dinge: Ich baute mir Häuser, ich pflanzte mir Weinberge, ich machte mir Gärten und Lustgärten und pflanzte allerlei fruchtbare Bäume hinein; ich machte mir Teiche, daraus zu bewässern den Wald der grünenden Bäume.

Prediger 2,4-11

Und Manasse legte sich zu seinen Vätern und wurde begraben im Garten an seinem Hause, im Garten Usas. 2. Könige 21,18

Die gepflanzt sind im Hause des Herrn, werden in den Vorhöfen unsres Gottes grünen.

Psalm 92,14

Irdisches Vorbild des Paradieses waren die Gärten des alten Orients. Das persische Wort „pairidaeza“ bedeutet „von Mauern umgeben, umzäunt“, dann auch „Garten“. Über das griechische „paradeisos“ wurde es zum „Paradies“. Es ist also zunächst einmal ein Ort, der von der Umgebung abgegrenzt und somit nicht für jeden zugänglich ist.
Das Urbild der orientalischen Gärten ist die Wüstenoase: umgeben von Mauern, die Schutz vor Sandstürmen und wilden Tieren boten, mit einer lebenspendenden Wasserquelle und beschattet von hohen Bäumen. Höchste Vollendung erreichten sie in den königlichen Gärten im alten Ägypten und in Mesopotamien (Assyrien, Babylonien, Persien). Es waren weitläufige parkähnliche Anlagen von rechtwinklig-architektonischer Struktur. Grundlegende Elemente waren Wasserbecken und Wasserläufe, schattenspendende Obstbäume – Nutz- und Ziergarten waren nicht getrennt – sowie Zierpflanzen und Tiere aus aller Herren Länder der damals bekannten Welt. Schon früh wurden Kanalsysteme und Aquädukte gebaut, um den enormen Wasserbedarf zu decken. Kein Aufwand schien zu groß für die Anlage und Unterhaltung der prestigeträchtigen Herrschergärten. Im Alten Testament wird erwähnt, dass man Könige auch im Königsgarten bestattete.
Auch die Gottheiten wurden im alten Orient mit der Fülle und Schönheit grünender, blühender Tempelgärten geehrt. Psalmworte weisen darauf hin, dass es in Jerusalem einen Tempelgarten mit Bäumen gegeben haben könnte.

Einen Eindruck vom Charakter orientalischer Gärten bieten die maurischen Gärten Spaniens, hier die Gärten der Alhambra in Granada. Sie sind den Beschreibungen des Paradieses im Koran nachgebildet

Das Tor ist verschlossen. Es ist eine zentrale Eigenschaft des Paradieses, ein unerreichbarer Sehnsuchtsort zu sein. Die Vorstellung dessen, was hinter dem Tor liegt, bleibt immer menschlich begrenzt

Und Gott der Herr pflanzte einen Garten in Eden gegen Osten hin und setzte den Menschen hinein, den er gemacht hatte.
1. Mose 2,8

Lehm, dann den Garten Eden, dann kommt die Frau, dann die Schlange, und das Unglück nimmt seinen Lauf. Der Ausgang ist bekannt: Die Menschen werden aus dem Paradies vertrieben, in dem sie zusammen mit Gott gewohnt hatten, und der Weg zurück ist versperrt von den Cherubim mit dem Flammenschwert.
Es ist also eine ganz wesentliche Eigenschaft des Paradieses, unerreichbar zu sein. Der Mensch im Einklang mit Gott – das ist ein Zustand, den wir nicht (wieder) herstellen können. Der Erdenmensch, ob heute oder in biblischen Zeiten, ist immer einer, der sich von Gott entfernt und entfremdet hat. Wie wir damit in unserer Gottesbeziehung zurechtkommen, davon handelt das ganze dicke Buch namens Bibel.

Das Paradies der Schöpfungsgeschichte zeichnet sich vor allem dadurch aus, dass für alles gesorgt ist: Es gibt Wasser im Überfluss und „Bäume, verlockend anzusehen und gut zu essen". Darüber hinaus ist der Mensch aber dazu bestimmt, dass er den Garten Eden „bebaut und bewahrt" (1. Mose 2,15) – auch im Urzustand vor dem Sündenfall herrscht also nicht etwa „paradiesische" Untätigkeit.

So nicht

Ums Paradies ging eine Mauer
Hübsch hoch vom besten Marmelstein.
Der Kain, als ein Bub, ein schlauer,
Denkt sich: Ich komme doch hinein.

Er stieg hinauf zu diesem Zwecke
An einer Leiter mäuschenstumm.
Da schlich der Teufel um die Ecke
Und stieß ihn samt der Leiter um.

Der Vater Adam, der's gesehen,
Sprach, während er ihn liegen ließ:
„Du Schlingel! Dir ist recht geschehen.
So kommt man nicht ins Paradies."

Wilhelm Busch

Jan Bruegel d. Ä. (1568–1625), „Das Paradies". Bäume voller Früchte, farbenfrohe exotische Vögel, und alle Tiere lagern friedlich beieinander: Ein solcher „Garten" Eden ist eher eine für den Menschen domestizierte Wildnis

Da werden die Wölfe bei den Lämmern wohnen und die Panther bei den Böcken lagern. Ein kleiner Knabe wird Kälber und junge Löwen und Mastvieh miteinander treiben. Jesaja 11,6

Und Jesus sprach zu ihm: Wahrlich, ich sage dir: Heute wirst du mit mir im Paradies sein. Lukas 23,43

Darüber hinaus sind die Schilderungen des Gartens Eden in der Schöpfungsgeschichte äußerst sparsam. Die farbenfroh-üppigen Vorstellungen vom Paradies in Gestalt von schlaraffenlandartigen Parkanlagen sind fantastische Ausmalungen, entstanden über Jahrhunderte der Kirchengeschichte. Neben der prachtvollen Pflanzenwelt zeigen Paradiesdarstellungen typischerweise auch viele Tiere, wobei Löwe und Lamm einträchtig beieinanderliegen. Dieses Motiv sucht man in der Schöpfungsgeschichte vergeblich. Die Bilder des Paradiesgartens als Ort vollkommenen Friedens, wo Raubtiere zu sanften Weidetieren werden, beziehen sich auf die Verheißungen Jesajas für das Friedensreich des Messias – den neuen Himmel und die neue Erde. Das Paradies ist dann

Adam und Eva im Koran

Die Geschichte der ersten Menschen ist ganz ähnlich auch im Koran zu finden, aber mit interessanten Unterschieden im Detail. Auch nach dem Koran werden Adam und Eva vom Satan verführt, von den verbotenen Früchten zu essen, worauf sie sich ihrer Nacktheit bewusst werden. Jedoch liegt die Hauptschuld hier nicht bei Eva, sondern beide erliegen gleichermaßen der Einflüsterung Satans. Anschließend gestehen sie Gott ihre Sünde ein und bitten reuevoll um Verzeihung, die auch gewährt wird. Die Menschen werden zwar aus dem Paradies verstoßen, genießen aber danach wieder das Wohlwollen Gottes. Das Vergehen führt also nicht, wie in der jüdisch-christlichen Überlieferung, zur bleibenden Trennung zwischen Gott und Menschen.

der selige Ort oder, besser gesagt, Zustand, wenn der Mensch wieder ganz bei Gott ist – wenn wir nämlich nach dem Tod „ins Paradies“ kommen. Bis dahin bleibt uns der Ort der Seligkeit verschlossen. Doch in unseren kleinen Menschenkreisen lässt sich Trost finden: Etwas vom Paradies schwingt in jedem Garten mit. Wenn wir seine Schönheit und seine Düfte erleben, sein Wachsen und Reifen, dann befällt uns zuweilen ein Gefühl, Gott nahe zu sein und sein Wirken in der Welt zu spüren. Der göttliche Auftrag zum Bebauen und Bewahren wird lebendig. Wenn Pflanzen wachsen, Blumen blühen und Früchte heranreifen wie von selbst, dann erwacht ein unmittelbares Empfinden, dass uns all das von Gottes Hand geschenkt ist. Jeder Garten birgt in sich ein winziges Stück vom Garten aller Gärten, dem Garten Eden.

Am Anfang war der Zaun: Er grenzt ein bearbeitetes Stück Land von der umgebenden Wildnis ab und macht es damit zum Garten

Die Ästhetik der strengen Form im Renaissance-Garten von Schloss Villandry an der Loire

Die Sichtachse im Landschaftsgarten von Wörlitz ist exakt so geplant, dass das Bauwerk sich im Gewässer spiegelt

Natur und Menschenwerk

Eine kurze Geschichte des Gartens

Es sagt viel über die Entwicklung der Menschheit, wie das Bild des idealen Gartens sich über die Jahrhunderte hinweg verändert hat.

Am Anfang war die Abgrenzung. Vom Ursprung des Wortes her steht der „Garten" in enger Beziehung zur „Gerte" und zu Begriffen wie „Flechtwerk, Umzäunung". Ein Garten ist also ein von der Umgebung abgegrenztes Gelände. Es dient dem Anbau nützlicher Pflanzen wie Gemüse, Heil- und Färbekräuter, die schon um die Behausungen der ersten sesshaften Menschen herum wuchsen. Durch eine einfache Umfriedung wurde das Eigentum markiert, mit massiveren Zäunen oder Mauern konnte man unwillkommene Besucher – Tiere oder Menschen – fernhalten.

In der geschichtlichen Entwicklung waren Gärten zunächst Nutzgärten und sind es immer geblieben, schon frühzeitig kamen aber Ziergärten hinzu. Auf alle Fälle prägte der Mensch der Gartenanlage sehr deutlich seine Handschrift auf – im Unterschied zur wilden, unbeherrschten Natur draußen. Geometrische Formen sind über Jahrhunderte hinweg das Grundmuster: rechte Winkel, parallele Reihen, gleichmäßige Abstände. Das gilt für den Nutzgarten, in dem Bäume und Gemüse „in Reih und Glied" am einfachsten zu bewirtschaften sind; auch der klassische Bauerngarten ist wohlgeordnet geometrisch gebaut. Das gilt aber erst recht für historische Ziergärten. Der Garten im orientalischen Stil enthält typischerweise ein langgezogenes rechteckiges Becken, gesäumt von Palmen oder anderen Bäumen in präziser Reihe und ergänzt durch ebenso exakte Reihen von Pflanzgefäßen oder Blütenpflanzen. Auch Klostergärten (siehe Seite 42) sind geometrisch angelegt, so weit das Gelände es zulässt. Höhepunkte der formalen Gartenkunst finden sich in den Schlossgärten der Renaissance und des Barock. Streng geordnet und übersichtlich, stehen sie im krassen Widerspruch zu allem, was wild und (scheinbar) ungeordnet nach eigenen Gesetzen funktioniert. Der Mensch nimmt die Welt in den Griff.

Im Laufe des 18. Jahrhunderts ändert sich die Haltung zur „Wildnis". Die Zivilisation hat die Oberhand gewonnen, mit fortschreitender Industrialisierung erweist sie sich sogar als zunehmend bedroh-

lich, mühselig, krankmachend. Der Mensch muss sich nicht mehr gegen die Natur zur Wehr setzen, sondern entdeckt im Gegenteil ihre romantischen, geheimnisvollen Reize. Sie wird zum Zufluchtsort, zu einem Gegenbild voll ursprünglicher Harmonie und Geborgenheit. So holt man sich ihr malerisches Abbild in die Parkanlagen: Der Englische Landschaftsgarten tritt seinen Siegeszug an. Als hohe Kunst des Landschaftsarchitekten gilt, wenn sich beim Flanieren ein reizvoller Blick nach dem anderen ergibt, wie eine Aufreihung von Landschaftsgemälden: sanft geschwungene Wege, Seen und Hügel, wohlplatzierte Baumgruppen, und hier und da fällt das Auge auf eine künstliche Ruine, die aussieht, als habe die Natur das vergehende Menschenwerk zurückerobert – die präzise Planung des scheinbar zufällig Gewachsenen.

Mit der Zunahme der Stadtbevölkerung entstehen Grünflächen zur Erholung und Erbauung auch für die einfache Bevölkerung. Fortschrittlich gesonnene Adlige öffnen ihre einstigen Jagdparks, in Städten werden eigens Parkanlagen geschaffen. Um 1900 herum verbreitet sich die noch weitreichendere Idee des Volksgartens. Hier darf man nicht nur gesittet die Wege entlang flanieren, sondern es werden weitläufige Flächen für Spiel und Sport ausgewiesen, bitter notwendig für die Menschen in ihren beengten Wohnverhältnissen. Nicht die Schönheit ist hier entscheidend, sondern der Nutzwert: Spielraum, Licht und Luft. Heute gehören gepflegte Stadt- oder auch Kurparks selbstverständlich in jedes Stadtbild.

Wandelnde Gartenideale lassen sich auch im Kleinen beobachten, im heimischen Hausgarten, dem kleinen Privatparadies direkt vor der (Terrassen-)Tür. Essigbaum und Goldregen, Blautanne und Pampasgras, Kirschlorbeer und Kiesrabatte – jede Zeit hat ihre Gartenmoden. Es herrscht pluralistische Freiheit. Die einen lieben saubere Rabatten, die anderen bevorzugen eine wildwüchsige Vielfalt. Und wieder andere stehen auf exakt geometrische Kies-, Rasen- und Wasserflächen an der rechteckigen Holzbohlenterrasse – die postmoderne Linie von formaler Strenge. Zeige mir deinen Garten, und ich sage dir, wer du bist.

Öffentliche Parks bieten „Erholung und Erbauung“ für jedermann

Ländlich-üppig oder minimalistisch: Im Hausgarten ist alles erlaubt

Das Himmelreich gleicht einem Senfkorn

Saat und Wachstum

Saat und Wachstum

Säen und pflanzen sind Tätigkeiten, die in die Zukunft gerichtet sind. Sie gewinnen ihren Sinn daraus, dass sich etwas entwickelt, Neues wächst, dass es eines Tages eine Ernte gibt. Die großen Rhythmen des Himmels und der Erde sind grundlegend in Gottes Schöpfung, und Saat, Wachstum und Ernte gehören dazu. Das Schicksal des Menschen ist darin eingebunden im Auf und Ab des Lebens.

> *Solange die Erde steht, soll nicht aufhören Saat und Ernte, Frost und Hitze, Sommer und Winter, Tag und Nacht.* 1. Mose 8,22

Saat und Ernte sind ein Bild für die gute Ordnung, die Gott für den Menschen vorgesehen hat. Doch kann diese Ordnung auch zum Selbstzweck verkommen: Es ist allzu menschlich, die Grundlagen des Lebens und ihre Sicherung mit dem Leben selbst zu verwechseln. Jesus spricht mahnende Worte: „Seht die Vögel unter dem Himmel…" – säen, ernten und horten dürfen nicht zur Hauptsache werden, die uns als tägliche Sorge beherrscht. Verantwortungsvolle, gewissenhafte Vorsorge ist gut, aber sie

Seht die Vögel unter dem Himmel an: sie säen nicht, sie ernten nicht, sie sammeln nicht in die Scheunen; und euer himmlischer Vater ernährt sie doch. Seid ihr denn nicht viel mehr als sie? MATTHÄUS 6,26

darf sich niemals dem schlichten Gottvertrauen in den Weg stellen: dem Vertrauen darauf, dass wir in so vielen wirklich wichtigen Dingen ernten dürfen, wo wir nicht gesät haben.

Mit dem Reich Gottes ist es so, wie wenn ein Mensch Samen aufs Land wirft und schläft und aufsteht, Nacht und Tag; und der Same geht auf und wächst – er weiß nicht wie. MARKUS 4,26.27

Wir alle wissen es, und doch ist es immer wieder unfassbar und faszinierend: Aus winzigen Samen wachsen kräftige Pflanzen heran. Aus einem scheinbar leblosen Korn treibt ein Keimling – eine Wurzel und ein winziger Spross, zarteste Erstlingsblätter. Ganz klein und verletzlich. Aber wenn das Gewächs erst einmal Fuß gefasst hat, dann treibt es in die Höhe und in die Breite, verankert sich tief in der Erde und wird zum Bild für Kraft und Wachstum. Man denke nur an die Drei-Meter-Sonnenblumen, die sich über den kleinen Menschen neigen, der hier einst einen Sonnenblumenkern in die Erde gesteckt hat. In einem Sommer ist das alles gewachsen. Es bleibt ein Wunder.

Dieses Staunen gibt den Wachstumsgleichnissen ihren starken Ausdruck, in denen das Reich Gottes mit einer aufgehenden Saat verglichen wird. Es geschieht, der Mensch „weiß nicht wie“. Wie das staunenswerte Wachstum aus der Saat, so lässt sich auch das Reich Gottes nicht antreiben und erzwingen. Der Mensch tut das Seine, der Rest ist hoffnungsvolles, vertrauendes Warten.

Was für ein bescheidenes Bild für das Größte, was dem Menschen verheißen ist: „Das Himmelreich gleicht einem Senfkorn ...“ Nun wächst der Senf freilich auch im Heiligen Land nicht baumhoch – das Gleichnis ist Dichtung, nicht Pflanzenkunde. Weder sind die allseits bekannten runden Senfkörn-

Das Himmelreich gleicht einem Senfkorn, das ein Mensch nahm und auf seinen Acker säte; das ist das kleinste unter allen Samenkörnern; wenn es aber gewachsen ist, so ist es größer als alle Kräuter und wird ein Baum, sodass die Vögel unter dem Himmel kommen und wohnen in seinen Zweigen.

Matthäus 13,31.32

chen besonders klein, noch wird die Senfpflanze besonders hoch – manche Arten bis zu zwei Meter. Vielleicht war hier auch an den Senfbaum gedacht, der bis zu sechs Meter hoch wird.

Die eigentliche Aussage des Gleichnisses liegt in überlieferten Bilderwelten: Wenn aus einem kleinen Samenkorn ein mächtiger Baum heranwächst, dann nimmt das Bezug auf den „Weltenbaum", der zu biblischer Zeit als Symbol für die allumfassende Weltherrschaft weit verbreitet war, auch bei Ägyptern und Babyloniern. Die dem Imperium einverleibten Völker wurden hier als Tiere im Geäst dargestellt, wo sie Schutz finden. So wird in Hesekiel 31 der mächtige ägyptische Zedernbaum gefällt.

Dieses alttestamentliche Motiv ist im Senfkorn-Gleichnis aufgegriffen und abgewandelt: Zart sind die Anfänge des Gottesreiches auf Erden. In nichts ähneln sie den gängigen Vorstellungen von Macht und Herrschaft. Aber ganz im Kleinen und Stillen nimmt es Kraft auf – und plötzlich ist es da. Plötzlich für die, denen der Blick für die zarten Anfänge fehlte, für die Menschen mit dem eiligen Schritt und den Augen am Horizont.

Anders geht es den Gärtnern. Sie säen, gießen und hacken geduldig und stillvergnügt vor sich hin, denn sie wissen: Es wird wachsen!

Geh aus, mein Herz, und suche Freud
in dieser lieben Sommerzeit
an deines Gottes Gaben;
schau an der schönen Gärten Zier
und siehe, wie sie mir und dir
sich ausgeschmücket haben.

Hilf mir und segne meinen Geist
mit Segen, der vom Himmel fleußt,
dass ich dir stetig blühe;
gib, dass der Sommer deiner Gnad
in meiner Seele früh und spat
viel Glaubensfrüchte ziehe.

Mach in mir deinem Geiste Raum,
dass ich dir werd ein guter Baum,
und lass mich Wurzel treiben.
Verleihe, dass zu deinem Ruhm
ich deines Gartens schöne Blum
und Pflanze möge bleiben.

Paul Gerhardt 1653
EG 503, Strophen 1, 13, 14

Schaut die Lilien auf dem Feld

Blumen und Blüten

Wenn in der Bibel von Blumen die Rede ist, dann sind es in der Regel die „Blumen auf dem Felde“, wild gewachsene Schönheiten also, die nicht eigens gepflanzt oder gesät wurden, aber doch das Menschenauge und -herz erfreuten. Mehr als das: Sie sind schöner anzusehen als selbst die Gewänder Salomos, des prunkvollsten Königs von Israel!

Gerade dass der Mensch an dem prächtigen Blütenflor nicht aktiv beteiligt ist, sondern nur das göttliche Geschenk bestaunen kann, gibt diesem Bild seine besondere Stärke. Alles Menschenwerk, Fleiß und Kunst kommen da nicht mit. Womit nicht etwa das Menschenwerk und -streben abgewertet wird.

Warum sorgt ihr euch um die Kleidung? Schaut die Lilien auf dem Feld an, wie sie wachsen: sie arbeiten nicht, auch spinnen sie nicht. Ich sage euch, dass auch Salomo in aller seiner Herrlichkeit nicht gekleidet gewesen ist wie eine von ihnen. MATTHÄUS 6,28.29

Im Jesus-Wort von den Lilien auf dem Felde steckt vielmehr der Kern der Botschaft im ersten Satz: „Warum sorgt ihr euch …?“ Es ist der Aufruf, die Ermutigung, einfach die Hände bzw. die Augen zu öffnen und sich beschenken zu lassen. Nicht umsonst steht dieses Bibelwort kurz hinter der berühmten Zeile: „Ihr könnt nicht Gott dienen und dem Mammon.“ Eine gute Portion Gottvertrauen ist überaus entlastend. Die Schönheit der Blumen möge uns täglich daran erinnern.

Biblische Blumen

Die „Lilien auf dem Feld" darf man nicht so wörtlich nehmen. Die Bibel ist kein Botanikbuch. Das griechische Wort krinon, *hier mit „Lilie" übersetzt, ist eher eine allgemeine Bezeichnung für (Feld-)Blumen.*
Gemeint sind die schönen, farbenprächtigen Blumen, die im Frühjahr, wenn der Boden vom Regen durchfeuchtet ist, in den ersten warmen Sonnenstrahlen die Hügel des Heiligen Landes schmücken, wie Krokusse, Narzissen und Anemonen, Schlüsselblumen, Mohn, Malven und Margeriten.

Ein Mensch ist in seinem Leben wie Gras, er blüht wie eine Blume auf dem Felde; wenn der Wind darübergeht, so ist sie nimmer da, und ihre Stätte kennnt sie nicht mehr. PSALM 103, 15.16

Die Blumen sind aber nicht nur Symbol für Pracht und Schönheit, sondern auch für Vergänglichkeit. Allzu schnell waren in Zeiten der Dürre die Blumen auf dem Feld verwelkt und vergangen. Wo eben noch das Leben blühte, verweht ein vertrocknetes Nichts. Was bleibt? „Das Wort" bleibt – in Ewigkeit.
Hier steht die Blume für die hübsche, vergängliche Oberfläche, nett anzusehen – aber nichts, woran der Mensch sich halten könnte. Die Schönheit ist flüchtig, sie

Das Gras verdorrt, die Blume verwelkt, aber das Wort unseres Gottes bleibt ewiglich. JESAJA 40,8

Freunde, dass der Mandelzweig
wieder blüht und treibt,
ist das nicht ein Fingerzeig,
dass die Liebe bleibt?

Schalom Ben-Chorin 1981
nach Jeremia 1,11

Mandelbaum in Israel

zerrinnt zwischen den Händen. Und das gilt für alles Schöne, ob Blume oder Mensch oder strahlender Sommermorgen. Keine Frage, all dies ist für uns von großem Wert, ein wundervolles Geschenk! Es ist uns gegeben, damit wir daraus Freude schöpfen. Es hilft uns, das Leben zu lieben. Aber darüber darf die Frage nicht vergessen werden: Was bleibt? Was bringt uns – biblisch gesprochen – das Heil, den Segen? Was bleibt in Zeiten von Kälte und Dunkelheit, wenn die Schönheit der Welt erlischt, das ist die Hoffnung auf das heil machende Wort, den tiefen Sinn, den letzten Halt. Die Freude, die bleibt, finden wir erst in der Welt, die kommt.

Das Leben steht in Blüte.
Vielstimmig klingt sein Ruf.
Wir bitten Gottes Güte,
dass er die Welt behüte,
die er für uns erschuf.

Die Kinder und die Alten,
der Jahre Gang und Flucht –
in allem Gottes Walten,
mächtiges Umgestalten:
die Blüten werden Frucht.

Die Menschentage enden,
die Treue Gottes nicht.
Wir stehn mit leeren Händen.
Doch wenn den Blick wir wenden,
stehn wir im Blütenlicht,
im ewigen Blütenlicht.

Klaus-Peter Hertzsch

Unter dem Weinstock und Feigenbaum

Die Frucht

Die Fülle der Früchte ist ein viel verwendetes Bild für Überfluss und Wohlergehen, im übertragenen Sinne für Erfolg und Gelingen. Auch wir kennen den Ausdruck, dass unser Tun „reiche Früchte trägt" oder aber gänzlich „fruchtlos" bleibt.

Wenn wir köstliche, saftige Früchte essen, dann ist das weniger eine Notwendigkeit wie das tägliche Brot, sondern es ist eine Lust. In einen knackigen Apfel zu beißen – am besten so, dass der Saft spritzt –, ist ein Urbild von Lebenslust und Lebensfreude, von dem gewissen Drüberhinaus: leben, nicht nur überleben. So lockt auch das Gelobte Land nach langer Wüstenwanderung mit sehr irdischen Freuden: mit saftigen, süßen Früchten in Fülle.

Ungestört seine Früchte ziehen, ernten und genießen zu können, ist ein Bild für Frieden und Wohlstand, überhaupt für gutes Leben.

Und sie kamen bis an den Bach Eschkol und schnitten dort eine Rebe ab mit einer Weintraube und trugen sie zu zweien auf einer Stange, dazu auch Granatäpfel und Feigen.

4. Mose 13,23

Denn er herrschte im ganzen Lande (...) und hatte Frieden mit allen seinen Nachbarn ringsum, sodass Juda und Israel sicher wohnten, jeder unter seinem Weinstock und unter seinem Feigenbaum.

1. Könige 5,4.5

Unter König Salomo erlebt Israel eine solche goldene Zeit, „jeder unter seinem Weinstock und unter seinem Feigenbaum" – gerade dies Früchte, die für Lebensgenuss stehen, für Wein und süßen Feigenkuchen. Mit demselben schönen Bild beschreibt der Prophet Micha das kommende Friedensreich Gottes (gleich nach den berühmten Worten von den „Schwertern zu Pflugscharen"), so als sollte die gute Zeit unter Salomo beschworen werden. Ebenso erscheint es in der vierten endzeitlichen Vision des Sacharja. Zur Zeit der Erlösung ist unter dem Weinstock und dem Feigenbaum das vollendete gute Leben, wo einem die Früchte, gerade wie im Paradies, fast

Zu derselben Zeit, spricht der Herr Zebaoth, wird einer den andern einladen unter den Weinstock und unter den Feigenbaum.

Sacharja 3,10

Granatäpfel

Früchte in der Bibel

Baumfrüchte und Obst spielten für die Ernährung und als Genussmittel eine große Rolle. Auch die Menschen zu biblischer Zeit liebten Süßes. Besonders oft genannt werden Feigen, Datteln, Granatäpfel und Weintrauben. Daraus hergestellt wurden Wein (aus Trauben und Granatäpfeln) und Trockenfrüchte, die – lebenswichtig für magere Zeiten – lange aufbewahrt werden konnten, ebenso wie Nüsse, Mandeln, Pistazien und eingelegte Oliven. Aus Datteln, Feigen oder Trauben stellte man eine sirupartige Masse her, die durch den hohen Zuckergehalt ebenfalls haltbar war, oder die Früchte wurden in Kuchen verbacken. Auch Kürbisse und Melonen wurden in den Gärten gezogen.

in den Mund wachsen. Und es freut sich nicht nur jeder für sich an diesem herrlichen Leben, sondern es wird „einer den andern einladen"! Das Sein in Gottes Nähe ist ein Gartenfest.

… und all sein Heer wird hinwelken, wie ein Blatt verwelkt am Weinstock und wie ein dürres Blatt am Feigenbaum.

Jesaja 34,4

Die gleichen Gewächse dienen aber auch der Illustration von Verwüstung und Niedergang, wenn bei Jesaja 34 Gottes Strafgericht über Edom ergeht. Und zahlreich sind die Gefahren, die dem Reifen der Früchte entgegenstehen können. Der zerstörerische Platzregen dient als Bild dafür, was geschieht, wenn der Stärkere willkürlich den

Ein gottloser Mann, der die Geringen bedrückt, ist wie ein Platzregen, der die Frucht verdirbt. *Sprüche 28,3*

Schwächeren zugrunde richtet: Was an Gutem angelegt ist und heranreifen könnte, wird wehrlos zerschlagen, kann sich nicht entfalten und entwickeln. So kann kein fruchtbares Leben gelingen.

In vielen Beispielen begegnen uns die Früchte des Tuns. Das Menschenleben wird angesehen wie ein Baum oder eine Weinrebe: Das Gedeihen – das gelingende und gottgefällige Leben – erweist sich an den guten Früchten; dies gilt für das Alte wie für das Neue Testament.

Josua und Kaleb

Die „Kundschafter mit der Traube" waren ein beliebtes Motiv der christlichen Kunst. Als Symbol von Reichtum und Überfluss konnte die Traube in den Darstellungen kaum groß genug sein. Auf dem Holzschnitt aus der Lübecker Bibel von 1494 ist die Szene in eine mittelalterliche deutsche Landschaft verlegt.

Vor allem in Weinbaugegenden wurde das Motiv später auch gern zur Dekoration weltlicher Gegenstände von der Brunnenskulptur bis zur Kreuzsticharbeit verwendet.

In Tübingen war es bis gegen 1900 Brauch, bei Weingärtnerumzügen zu Ehren des heiligen Urban eine „Kalebstraube" mitzuführen

An ihren Früchten sollt ihr sie erkennen. Kann man denn Trauben lesen von den Dornen oder Feigen von den Disteln? So bringt jeder gute Baum gute Früchte; aber ein fauler Baum bringt schlechte Früchte.
Matthäus 7,16.17

Der berühmte Satz „An ihren Früchten sollt ihr sie erkennen“ bezieht sich im Matthäus-Evangelium auf die „falschen Propheten“. Wie unterscheidet man die echten von den falschen? An den Früchten ihres Tuns – bzw. deren Ausbleiben. Gute Frucht, das ist der erkennbar in die Tat umgesetzte Gotteswille.

Die Frucht des Lichts ist lauter Güte und Gerechtigkeit und Wahrheit. Epheser 5,9

Auch die Wirkungen der Frohen Botschaft auf den Menschen werden gern als Früchte bezeichnet. Ein sehr einleuchtendes Bild, wenn die Botschaft – „der Geist“, „das Licht“ – im Menschen etwas zum Wachsen und Reifen bringt. Sie bleibt nicht im Dunkeln, sondern sie bewirkt eine Veränderung an diesem Menschen: die „guten Werke“, das „gottgefällige Leben“ oder schlicht ein menschenfreundliches Verhalten – kurzum: Es „fällt etwas ab“ für andere, für den Nächsten.

Und dann sind da noch die verbotenen Früchte. Der berühmte Apfel (in der Bibel steht nichts von „Apfel“) vom Baum der Erkenntnis. Da hat Eva nun einen Garten voller Früchte, und ausgerechnet von diesem muss sie essen! Ein verbotener Baum – da muss doch etwas Besonderes dran sein an diesen Früchten. Was die Schlange noch bestätigt: „Alles halb so schlimm, nicht lebensgefährlich! Gott will dir nur etwas vorenthalten!“ Die Begehrlichkeit er-

Und die Frau sah, dass von dem Baum gut zu essen wäre und dass er eine Lust für die Augen wäre und verlockend, weil er klug machte. Und sie nahm von der Frucht und aß und gab ihrem Mann, der bei ihr war, auch davon und er aß. 1. Mose 3,6

wacht – schon ist es passiert. Eine sehr menschliche Tat mit drastischen Konsequenzen. Auch wenn die Sündenfall-Geschichte sich vielleicht mit unserem Gottesbild so gar nicht vertragen will – auf der anderen, menschlichen Seite ist sie psychologisch treffgenau. Die verbotenen Früchte sind die leckersten – das musste auch so mancher Gartenbesitzer schon schmerzlich erfahren. Es geht gar nicht so sehr um die köstliche Frucht, sondern es geht darum, sich über das Verbot hinwegzusetzen. Warum sich einengen lassen? Fremdbestimmen? Nimm, was du kriegen kannst!
Die Geschichte schmeckt uns nicht, denn wir sind heute – glücklicherweise – gewohnt, selbstverantwortlich zu entscheiden und Autoritäten infrage zu stellen. Und doch führt kein Weg umhin: Alle menschliche Autorität kann getrost hinterfragt werden, nicht aber die letztgültige göttliche. Mensch, sieh deine Grenzen! Dann kannst du dir und deinen Nachkommen jede Menge Not und Elend ersparen.

Hugo van der Goes, „Der Sündenfall“, vor 1475. Die präzise Darstellung der Menschenkörper beeindruckt, umso erheiternder wirkt für den heutigen Betrachter die diskrete Tarnung des Schambereichs. Bald werden auch Adam und Eva ihre paradiesische Unbefangenheit verlieren. Durchaus logisch ist die aparte Gestalt der Schlange: Der Verlust der Beine ist göttliche Strafe („Auf deinem Bauche sollst du kriechen“) für ihr Vergehen

Die Gartenpoesie im Hohelied

Das Hohelied, auch Hohelied Salomos genannt, ist eine Sammlung von hebräischen Liebesliedern mit einer überwältigenden sinnlichen Bilderwelt, insbesondere auch aus dem Themenkreis des Gartens.
Der Garten ist hier nicht nur, wie in der klassischen Literatur gewohnt und verbreitet, der Ort, wo die Liebenden zusammenkommen. Vielmehr wird die Geliebte selbst wie ein verlockender Garten angesehen. Sehen, riechen, schmecken, fühlen – alle Sinne sind angesprochen.
Mann und Frau sprechen im Wechsel, sie raunen und rufen, schwelgen in haltlosem Entzücken und leiden in süßer Qual von Trennung und Wiedersehen. Bezüglich Begehren und Leidenschaft mangelt es dabei nicht an sinnlich-erotischer Klarheit.

(Er:)
Meine Schwester, liebe Braut, du bist ein verschlossener Garten,
eine verschlossene Quelle, ein versiegelter Born.
Du bist gewachsen wie ein Lustgarten von Granatäpfeln
mit edlen Früchten, Zyperblumen mit Narden,
Narde und Safran, Kalmus und Zimt,
mit allerlei Weihrauchsträuchern,
Myrrhe und Aloe,
mit allen feinen Gewürzen.
Ein Gartenbrunnen bist du,
ein Born lebendigen Wassers,
das vom Libanon fließt.
(Sie:)
Steh auf, Nordwind,
und komm, Südwind,
und wehe durch meinen Garten,
dass der Duft seiner Gewürze ströme!
Mein Freund komme in seinen Garten
und esse von seinen edlen Früchten.

Hoheslied 4,12-16

Wie ein Apfelbaum unter den wilden Bäumen,
so ist mein Freund unter den Jünglingen.
Unter seinem Schatten zu sitzen begehre ich,
und seine Frucht ist meinem Gaumen süß.

Hoheslied 2,3

Es bleibt ein Rätsel, wie dieses Stück traditioneller Liebeslyrik den Weg in die jüdischen und christlichen heiligen Schriften finden konnte. Gern wurde das Hohelied allegorisch ausgelegt: als Bild der Liebe zwischen Gott und dem Volk Israel, der Liebe des tief Gläubigen zu Gott bzw. Christus, bis hin zur mittelalterlichen Braut-Christi-Mystik. Für den heutigen Leser, frei von Scham und sittlichen Bedenken, bleibt das pure Lesevergnügen und die Freude daran, in der Bibel derart pralle Worte voll Sinnlichkeit, Lust und Fülle vorzufinden. Ein kraftvoller, aber reiner und frischer Wind weht aus diesen Zeilen, die den sinnesfeindlichen Staub der Jahrhunderte hinwegbläst. Seht her, was alles gottgefällig ist!

Der „Hortus conclusus"

„Hortus conclusus soror mea sponsa hortus conclusus fons signatus" lautet der lateinische Text aus dem Hohelied 4,12. In der bildenden Kunst des Mittelalters ist der „Hortus conclusus" (verschlossener Garten) ein sehr verbreitetes Motiv etwa auf Altarbildern, Wandteppichen oder Buchmalereien. Dargestellt ist die Gottesmutter in einem ummauerten oder umzäunten Garten; eine bekannte Variante ist Maria im Rosenhag. Das Motiv nimmt Bezug auf die jungfräuliche „Verschlossenheit" der Maria, bringt aber auch eine paradiesische Unschuld und Geborgenheit zum Ausdruck.

Im Bild unten ist der „Hortus conclusus" als Paradiesgärtlein ausgeführt. Die Blumen des Gartens, wie weiße Lilie, dornenlose Rose, Iris und Erdbeere, entstammen der traditionellen Mariensymbolik (siehe Seite 22/23).

Oberrheinischer Meister, „Das Paradiesgärtlein", um 1420

Er sprach zu seinen Jüngern: Die Ernte ist groß

Die Ernte

Das Wort „Ernte“ bezeichnet zum einen das Tun, das Einbringen der Ernte: schneiden, pflücken, ziehen, ausgraben ..., zum andern dessen Ergebnis: die Körbe, Wannen oder Eimer, gefüllt mit Bohnen oder Salat, Äpfeln oder Erdbeeren.
Auch Hobbygärtner wissen, dass Ernten sehr wohl Arbeit ist, wenn auch eine sehr befriedigende. Es ist der Lohn der Mühen im Garten. Auf einem anderen Blatt steht allerdings, was mit all den Schätzen anschließend geschehen

Wer im Sommer sammelt, ist ein kluger Sohn; wer aber in der Ernte schläft, macht seinen Eltern Schande. Sprüche 10,5

soll. Nicht wenige wissen vor lauter Pflaumen, Tomaten oder Zucchini kaum mehr wohin. Dies allerdings ist ein Problem, das die Altvorderen nicht kannten. Eine reiche Ernte war gleichbedeutend mit Zukunft und Leben, mit Glück und Segen. Zur Erntezeit wurden alle Kräfte mobilisiert. Noch bis ins 20. Jahrhundert hinein war es auch bei uns auf dem Lande gang und gäbe, dass Kinder zur Erntezeit von früh bis spät auf den Feldern halfen.

Für Jesus auf seinem Weg durchs Heilige Land sind die Menschen, die seine frohe Botschaft annehmen, die Ernte seines Tuns. Und je größer das Elend und die Verzweiflung im Lande, desto größer die Ernte – so groß, dass Jesus allein sie nicht mehr bewältigt, sondern seine Jünger aussendet.
Aber sind die denn überhaupt qualifiziert als Erntehelfer? Die Evangelien sind voller Geschichten von Begebenheiten, bei denen Jesus seinen Jüngern bescheinigen muss, dass sie noch immer nichts verstanden haben: „Ihr Kleingläubigen…“!

Da sprach er zu seinen Jüngern: Die Ernte ist groß, aber wenige sind der Arbeiter. Darum bittet den Herrn der Ernte, dass er Arbeiter in seine Ernte sende.
Matthäus 9,37.38

Aber er verleiht ihnen die Macht, die sie aus sich selbst heraus nicht haben. „Wenige sind der Arbeiter“ – diese hier müssen gut genug sein. Ein tröstlicher Gedanke für alle, die sich im irdischen Gottesgarten vor eine Aufgabe – groß oder klein – gestellt sehen. Und wenn der Herr der Ernte Verstärkung schickt, nicht vergessen: Seine Ansprüche ans Personal sind womöglich geringer oder zumindest anders, als wir es erwarten.

Eine gute Ernte ist ein Grund für Freude und Dankbarkeit – und zum Feiern nach getaner Arbeit. Schon zur Zeit des Alten Testaments wurden nach uralter Sitte die „Erstlinge“ des Jahres zum Altar des Herrn gebracht, und bis heute begeht man im Judentum das Wochen- und das Laubhüttenfest.

Das Wochenfest sollst du halten mit den Erstlingen der Weizenernte und das Fest der Lese, wenn das Jahr um ist. 2. Mose 34,22

Im christlichen Europa haben heidnische Bräuche, wie Erntekranz und Fruchtsäule, in das Erntedankfest Eingang gefunden und geben ihm einen fröhlich-volkstümlichen Charakter. Selten kommen sich Kirche und Welt so zwanglos nah wie hier. Das Anliegen dieses Festes ist – im Gegensatz zu manch anderem christlichen Festtag – nicht erklärungsbe-

Garben und Früchte, Gemüse und Blumen – der liebevoll geschmückte Erntedankaltar vermittelt die Freude an der Fülle der Gottesgaben. Wenn Essbares später an Einrichtungen für Bedürftige verteilt wird, dann kommt der urbiblische Zusammenhang von Danken und Teilen ganz unmittelbar zum Ausdruck

Das Laubhüttenfest

Das Laubhüttenfest sollst du halten sieben Tage, wenn du eingesammelt hast von deiner Tenne und von deiner Kelter, und du sollst fröhlich sein an deinem Fest. 5. Mose 16,13.14

Paula Gans, „Im Gebet beim Laubhüttenfest“, 1920

Ihr sollt am ersten Tage Früchte nehmen von schönen Bäumen, Palmwedel und Zweige von Laubbäumen und Bachweiden und sieben Tage fröhlich sein vor dem Herrn, eurem Gott.
3. Mose 23,40

Sukkot, das Laubhüttenfest, entwickelte sich im Laufe der Geschichte vom landwirtschaftlich-jahreszeitlichen Erntefest zum historischen Fest, mit dem der Auszug aus Ägypten gefeiert wird. Wichtige Elemente sind die Laubhütte – ursprünglich einfache Unterstände zum Ausruhen auf den Feldern, später symbolisch für die notdürftigen Unterkünfte auf der Wüstenwanderung – und der Feststrauß (Lulaw), basierend auf 3. Mose 23,40. Er wird beim Gottesdienst in der Hand gehalten und auf spezielle rituelle Art geschwenkt.

Seine Zusammensetzung ist genau festgelegt: Er besteht aus einem Etrog (eine Zitrusfrucht), einem Zweig der Dattelpalme, drei Myrtenzweigen und zwei Bachweidenruten. Diese vier Bestandteile stehen symbolisch zum einen für die Vegetationsräume Israels, zum andern mit ihren verschiedenen Eigenschaften für die Einheit Israels, repräsentiert durch „vier Arten“ von Menschen:

Die Zitrusfrucht hat einen guten Geschmack und Duft; sie steht für gelehrte Menschen (im engeren Sinne: mit Tora-Kenntnissen), die auch wohltätige Werke tun und ihren Glauben leben (im weiteren Sinne: für Menschen von freundlicher Art).

Die Dattel schmeckt gut, duftet aber nicht; der Palmzweig symbolisiert daher gelehrte Menschen, die aber ihren Glauben nicht leben.

Die Myrtenzweige duften, sind aber nicht essbar; sie repräsentieren wohltätige, freundliche Menschen ohne Tora-Kenntnisse.

Die Weidenzweige schließlich – weder essbar noch duftend – stehen für Menschen, die sich weder durch Gelehrigkeit noch durch Großzügigkeit auszeichnen.

Ganz wichtig: Fehlt einer der Bestandteile, ist der Strauß wertlos. Alle gehören dazu – auch diejenigen, die keinerlei edle Eigenschaften mitbringen. Damit Israel besteht, müssen alle vier Arten „zusammengebunden“ sein.

dürftig, es ist unmittelbar verständlich. Denn auch kirchenfernen Gemütern erscheint es immer wieder wie ein Wunder, wenn aus dem Boden Pflanzen wachsen und Früchte bringen, vor allem wenn sie dieses Wunder im eigenen Garten miterleben können. Es stellt sich ein spontanes Gefühl der staunenden Dankbarkeit ein, zumal der Mensch über Jahrzehnte des Machbarkeitswahns hinweg wieder mehr Demut gelernt hat: Vieles im Werden und Wachsen der Pflanzen ist nicht steuerbar, und wenn, dann nur unter großen Verlusten – Verlusten an Geschmack, Wertstoffen, Sortenvielfalt, gesunder Natur. Gleichzeitig drängt sich an Erntedank der Gedanke an Mitmenschen auf, die auch heute noch Hunger leiden – nicht selten, weil ihr Land für unseren Überfluss ausgebeutet wird.
All dies sind Themen, die nicht nur erklärte Christen beschäftigen. Die innere Botschaft des Festes – Dank und „Mahnung“ – fällt auch außerhalb der engeren Kirchenkreise auf fruchtbaren Boden.

Kommt, von allerreifsten Früchten
Mit Geschmack und Lust zu speisen!
Über Rosen lässt sich dichten,
In die Äpfel muss man beißen.

Johann Wolfgang Goethe

Im Schutz der Klostermauern gedieh eine reiche Pflanzenvielfalt von nah und fern

Hochbeete im Klostergarten

Über die sichtbare Welt hinaus
Der Klostergarten

In der geschichtlichen Entwicklung entstanden Klostergärten zunächst als reine Nutzgärten, die dazu dienten, eine größtmögliche Unabhängigkeit von weltlichen Einflüssen sicherzustellen. Schon in der Benediktusregel aus dem 6. Jahrhundert wird ausdrücklich gesagt, dass „alles Notwendige, nämlich Wasser, Mühle und Garten" sich innerhalb des Klosters befinden soll.

Die Gartenanlagen waren einfach und zweckmäßig gestaltet, mit Gemüse- und Kräuterbeeten auf rechteckigem Grundriss, teils als gefasste Hochbeete. Hier wurden Kohl, Bohnen und Erbsen gezogen, Spinat, Sellerie, Fenchel, Zwiebeln und Gurken, dazu Kräuter wie Schnittlauch, Petersilie und Dill. Hinzu kam Obst aus einem Baumgarten. Ab dem Hochmittelalter erweiterten sich Funktion und Gestaltungselemente. Nun entstanden auch Bereiche mit Ziergärten, die der Erholung und Erbauung dienten, bestehend aus Rasenflächen und geschmückt mit Zierpflanzen wie Rosen, Lilien, Akelei und Veilchen.

Bei der Anlage der Klostergärten bildeten Nutzaspekte aber nur den äußeren Rahmen. Inhaltlich waren sie durchdrungen von religiösen Aussagen, die weit über die sichtbare Welt hinauswiesen. So hat die strenge Anordnung der Beete und Wege auch einen tiefen symbolischen Ausdruck, beginnend mit der kreuzförmigen Wegführung. Die Zahl vier stand zudem als Symbolzahl für die irdische Welt: vier Himmelsrichtungen, vier Elemente, vier Jahreszeiten. Wasserstellen in Form von Brunnen oder Teichen verwiesen auf die bildliche Bedeutung des Wassers als Quelle des Lebens.

Symbolpflanzen standen als Sinnbilder für christliche Glaubensinhalte und Traditionen. So symbolisierten immergrüne Pflanzen wie Efeu, Buchsbaum und Rosmarin das ewige Leben. Tugenden und Eigenschaften der Gottesmutter fanden Ausdruck in den Pflanzen der Marienverehrung, wie der weißen Madonnenlilie (Reinheit und Jungfräulichkeit), der Akelei (Demut und Erhabenheit) und der Erdbeere – sie steht, da sie gleichzeitig blüht und fruchtet, für Lebenskraft und Fülle; zudem symboli-

sierten ihre dreiteiligen Blätter die Dreieinigkeit. Die Rose – insbesondere auch die Pfingstrose, die „Rose ohne Dornen" – war nicht nur Mariensymbol, rote Rosen galten auch als Sinnbild für das Martyrium Christi und der Heiligen. Um viele Pflanzen rankten sich Legenden aus christlicher Tradition. So sah man in der weißen Zeichnung auf den Blättern der Mariendistel die herabtropfende Milch der Mutter Maria beim Stillen des Jesuskindes. Häufig vertreten waren auch Pflanzen, denen die Fähigkeit nachgesagt wurde, Teufel, Hexen und Dämonen fernzuhalten, wie Johanniskraut, Buchs oder Beifuß.

Zu den herausragenden Leistungen der Klöster im Dienst am Nächsten zählte die Krankenpflege, wobei man die Heilkräuter für die Klostermedizin selbst anbaute und verarbeitete. In den Klöstern wurde volkstümliches, antikes und selbst angesammeltes Erfahrungswissen über Rezepturen und Wirkweise von Heilkräutern systematisch erfasst und schriftlich festgehalten. Besonders bekannt sind die Werke der Benediktinernonne Hildegard von Bingen.

Auf der weltlichen Ebene waren die Klostergärten zudem von unschätzbarem Wert für die Entwicklung der europäischen Gartenkultur. Über weite Distanzen hinweg tauschten die Klöster nicht nur rege ihr Wissen über die Pflanzen und ihre Eigenschaften aus, sondern auch die Pflanzen selbst bzw. ihre Samen. Südeuropäische Pflanzenarten gelangten auf diese Weise über die Alpenbarriere hinweg in den Norden, wo sie im Schutz von besonnten Klostermauern gediehen, wie etwa Fenchel, Dill und Liebstöckel. Von den Klostergärten wanderten sie weiter in die Bauerngärten. Auch Obstsorten verbreiteten sich auf diese Weise in ganz Europa.

Klostergärten unterlagen über die Jahrhunderte hinweg einem steten Wandel. Kein mittelalterlicher Klostergarten ist bis in unsere Zeit erhalten geblieben. Es gibt aber Rekonstruktionen, die sorgfältig nach überlieferten Pflanzenlisten, Bildern und archäologischen Funden erstellt wurden.

Alte Bewässerungsgräben im Kloster Bebenhausen bei Tübingen

Erträge des Klostergartens in der Kräuterkammer, Kloster Buch in Sachsen

Ich will eurem Lande Regen geben

Das Wasser

Alle haben wir schon einmal Durst, Hitze und Trockenheit erlebt – und sei es nur in heißen Sommern daheim. Dazu braucht es keine Wüstenwege. Wie herrlich ist ein einfacher Schluck Wasser für die trockene Kehle auf einer Wanderung im Hochsommer! Oder auch nur der Hauch von feuchter Frische, wenn abends im Garten die Pflanzen gegossen werden. Aber man kann nicht unendlich gießen. Wenn in einer anhaltenden Trockenperiode im August die Pflanzen sichtlich unter der Hitze leiden, der Garten gelb, dünn und durchsichtig wird, dann ahnen wir etwas von der Bedrohlichkeit der Dürre für Menschen, die den Garten nicht nur zur Freude pflegen, sondern für die er Lebensgrundlage ist. Daher spricht uns die Wassersymbolik der Bibel auch hier und heute ganz unmittelbar, geradezu körperlich, an.

Du feuchtest die Berge von oben her, du machst das Land voll Früchte, die du schaffest.

PSALM 104,13

In Psalmen wird Lob gesungen dafür, dass Gott Wasser schenkt. Wasser ist gleichbedeutend mit Wachsen, Gedeihen und reicher Ernte, und so gilt

Wasser ist Leben

Das Klima in Israel vor 2000 Jahren war ähnlich dem heutigen. Davor, zur Zeit des Alten Testaments, wechselten über viele Jahrhunderte hinweg feuchtere und trockenere Phasen ab, die mit Blüte und Niedergang ganzer Kulturen einhergingen. Wetter und Landschaftsbild können wir uns etwa so vorstellen, wie wir es aus den Urlaubsländern am Mittelmeer kennen.
Das Wasser ist entscheidend für das Gedeihen der Nutzpflanzen und die gute Ernte: Wasser, das vom Himmel fällt, aus Brunnen geschöpft oder über Kanäle herangeführt wird, um die Pflanzungen zu versorgen. Aber auch Brunnen und Flüsse waren in anhaltenden Trockenphasen nicht unerschöpflich. In Dürrezeiten konnten die dicht bevölkerten Städte nicht mehr mit Nahrung versorgt werden, es kam zu dramatischen Hungersnöten. Wasser ist gleichbedeutend mit Leben und Wohlergehen, Dürre mit Tod und Niedergang – diese Erfahrung hat in der Bibel an vielen Stellen Eingang gefunden.

Galiläa und das Jordantal

Werdet ihr nun auf meine Gebote hören (...), so will ich eurem Lande Regen geben zu seiner Zeit, Frühregen und Spätregen, dass du einsammelst dein Getreide, deinen Wein und dein Öl.
5. Mose 11,13.14

der Regen, der vom Himmel aufs Land fällt, auch als Belohnung für gottgefälliges Leben. Gern wird das Motiv vom Wasser in Fülle als Bild gebraucht für das Leben in Fülle und für den überquellenden Reichtum, der von innen kommt, Glück und Segen für den Einzelnen und für das ganze Volk.
Dementsprechend wird andererseits dem Volk, das sich von Gott abgewandt hat, mit dem Wasser die Lebensbasis entzogen. Die Israeliten

Ihr sollt schamrot werden wegen der Gärten, die ihr erwählt habt. Denn ihr werdet sein wie eine Eiche mit dürren Blättern und wie ein Garten ohne Wasser.
Jesaja 1,29b.30

sind vom rechten Weg abgekommen und anderen vermeintlichen Heilsbringern hinterhergelaufen. Die Gärten, von denen bei Jesaja die Rede ist, sind die heiligen Haine der Kanaaniter, Schauplatz heidnischer Opferriten (Jesaja 57,5). Der Garten ist hier also ein Ort der Sünde. Als Konsequenz daraus stellt Jesaja Dürrezeiten in Aussicht – nicht etwa als göttliche Strafe, sondern im übertragenen Sinne: ausgedörrte Seelen nämlich. Denn Wasser ist Symbol für das Segen bringende Gotteswort, und die Israeliten haben es sich selbst abgegraben. Mit ihrer Missachtung der Gebote, ihrer selbstgewählten Gottferne bringen sie selbst diese Quelle zum Versiegen.

Tun wir den Schritt vom Gottesvolk im Alten Testament zu uns in die Gegenwart, dann können wir die „heidnischen Haine" an anderer Stelle finden. Wer hätte da keinen Vorschlag parat? Im Shoppingcenter etwa, im Fitness-Studio oder auf dem Sofa vor dem TV-Gerät. Überhaupt sind

Jesus Christus spricht:
Wen da dürstet, der komme zu mir und trinke! Wer an mich glaubt, wie die Schrift sagt, von dessen Leib werden Ströme lebendigen Wassers fließen.

Johannes 7,37.38

Wie eine uralte Menschheitserinnerung, ein Hauch vom Paradies: Zur idealen Gartenanlage gehört das fließende Wasser

rechteckige Bildschirme jeder Größenordnung, vom Smartphone bis zum Megascreen-TV, verbreitete Orte der Heilssuche. Dabei fehlt ihnen die Dimension, die in die Tiefe geht, sie kennen weder Duft noch Geschmack noch Gefühl. Was könnte weiter entfernt sein vom Paradiesgarten?

Das Motiv von Gott – dem Gotteswort, der Gottesnähe – als Quelle des Lebens findet sich im Alten wie im Neuen Testament und weitet sich zu einer umfassenden Segensquelle unter den Gläubigen. Das lebendige Wasser löscht nicht nur den eigenen Durst, sondern es macht den Trinkenden selbst zu einer Quelle, aus der es sprudelt, mehr noch: aus der Ströme fließen. Ein Überfluss, der auch die Dürre ringsum zum Leben erweckt und Seelengärten erblühen lässt.

Bei dir ist die Quelle des Lebens.

Psalm 36,10

Wo ein Mensch Vertrauen gibt,
nicht nur an sich selber denkt,
fällt ein Tropfen von dem Regen,
der aus Wüsten Gärten macht.

Wo ein Mensch sich selbst verschenkt
und den alten Weg verlässt,
fällt ein Tropfen von dem Regen,
der aus Wüsten Gärten macht.

Hans-Jürgen Netz
1975

So spricht der Herr:
Gleichwie der Regen und Schnee
vom Himmel fällt
und nicht wieder dahin zurückkehrt,
sondern feuchtet die Erde
und macht sie fruchtbar
und lässt wachsen,
dass sie gibt Samen zu säen
und Brot zu essen,
so soll das Wort,
das aus meinem Munde geht,
auch sein:
Es wird nicht wieder leer
zu mir zurückkommen,
sondern wird tun,
was mir gefällt,
und ihm wird gelingen,
wozu ich es sende.

Jesaja 55,10.11

Und was vom Hause Juda errettet und übrig geblieben ist, wird von neuem nach unten Wurzeln schlagen und oben Frucht tragen.

2. Könige 19,30

heißt es, wird es „nach unten Wurzeln schlagen“. Das Wiedererstarken beginnt mit der Wurzel, ganz aus der Tiefe, von innen heraus. Dann erst können neue Früchte reifen, kann sich neue Lebensfülle entfalten.

„Es ist schon die Axt den Bäumen an die Wurzel gelegt“, ruft Johannes der Täufer den Menschen zu, denen es an Bußfertigkeit fehlt. Wenn die Axt zuschlägt, dann bedeutet das

Es ist schon die Axt den Bäumen an die Wurzel gelegt. Darum: jeder Baum, der nicht gute Frucht bringt, wird abgehauen und ins Feuer geworfen. *Matthäus 3,10*

Die Kraft der Wurzeln

Die Wurzel ist die unsichtbare Basis des Pflanzenlebens, ein hochaktiver Teil der Pflanze und oft unterschätzt. Selten machen wir uns klar, was sie leistet, weil wir sie nicht sehen. Selbst die feinsten Saugwurzeln zeigen eine unglaubliche Kraft, wenn sie aus scheinbar trockenem Lehmboden noch Spuren von Wasser heraussaugen. Die mikroskopisch feinen Wurzelspitzen wachsen mit unermüdlicher lautloser Energie voran. Sie verzweigen sich, wenn sie Wasser finden, streben weiter, wenn nicht. Die Weinrebe kann ihre Pfahlwurzel sechs Meter tief in die Gesteinsritzen treiben.

Bei einem großen freistehenden Baum ist der durchwurzelte Raum ebenso groß wie die Krone, das Wurzelsystem bildet unter der Erde ein Spiegelbild des Geästs. Der Hauptteil der Saugwurzeln liegt unter dem Außenrand der Krone. Manchmal bestaunen wir die unglaubliche Kraft der Wurzel, wenn sie auf der Suche nach Wasser Felsen sprengt – und wir beklagen sie, wenn sie Pflastersteine hebt oder Rohre verstopft.

In unseren Breiten ist die Wurzel auch ein Hort des Lebens, wenn Stauden und Gehölze sich im Herbst in sich selbst zurückziehen. Was in den grünen Teilen übers Jahr an Wertvollem angesammelt wurde, wird herausgezogen und in der Wurzel gelagert – Vorräte für den Austrieb im nächsten Frühling.

Wenn die Wurzel heilig ist, so sind auch die Zweige heilig. Wenn aber nun einige von den Zweigen ausgebrochen wurden und du, der du ein wilder Ölzweig warst, in den Ölbaum eingepfropft worden bist und teilbekommen hast an der Wurzel und dem Saft des Ölbaums, so rühme dich nicht gegenüber den Zweigen. Rühmst du dich aber, so sollst du wissen, dass nicht du die Wurzel trägst, sondern die Wurzel trägt dich.

Römer 11,16-18

selbst für den prachtvollsten Baum das Ende. Ein abgesägter Baum kann noch aus dem Stumpf ausschlagen – ist aber die Verbindung zur Wurzel durchtrennt, dann gibt es keine Rettung mehr.

Im Römerbrief erklärt Paulus das Verhältnis von Heiden- und Judenchristen anhand eines Baum-Bildes von Zweig und Wurzel – wobei man auch hier die Bibel nicht als Botanikbuch lesen darf. Denn die uralte gärtnerische Kulturtechnik des Pfropfens dient zur „Veredelung", das heißt, der (züchterisch stark bearbeitete) Edelreis wird auf die (wuchskräftige) Pfropfunterlage gepfropft. Bei Paulus ist es andersherum: Der Wildlingszweig kommt auf den edlen Ölbaumstamm. Dies mag sich auf eine antike Praxis beziehen, bei der man versuchte, einen erschöpften Ölbaum durch Einpfropfen von Wildzweigen wieder zu besserer Fruchtbildung anzuregen, was erheblich besser zur Aussageabsicht passen würde.
Pfropfen heißt: schneiden und neu verbinden. Nicht zufällig wählt Paulus dieses drastische Bild für eine „Bruchstelle" seiner Missionstätigkeit: dass nämlich die

Verkündigung des Evangeliums unter den Heiden weit mehr Früchte trägt als unter den Juden. Dennoch will er die aus seiner Sicht richtige Rangordnung klarstellen, und die Kultur des Ölbaums liefert ihm dafür das passende Modell: die Heidenchristen als Pfropfreiser, die auf den eigentlichen Ölbaum gepfropft wurden und sich über dessen Wurzel nähren. „Nicht du trägst die Wurzel, sondern die Wurzel trägt dich": Das Christentum wurzelt in der Tradition Israels, die Botschaft Jesu in der Überlieferung des Alten Testaments. Es tut uns Christen gut, uns diesen Zusammenhang gelegentlich bewusst zu machen.

Die Wurzel Jesse

Die Wurzel Jesse ist ein verbreitetes Motiv der mittelalterlichen Kirchenkunst. Dargestellt ist die Ahnenreihe Jesu im Alten Testament in Form eines Baumes. Die Wurzel sprießt in typisch mittelalterlicher, sehr körperlich-konkreter Bildsprache aus dem Körper von Jesse, dem Vater von König David, der meist schlafend dargestellt wird. Aufwärts folgen Zweige mit David und weiteren Königen Israels, an der Spitze steht Jesus oder Maria mit dem Jesuskind.
Biblische Grundlage des Baum-Bildes ist die Messias-Verheißung aus Jesaja 11,1: „Und es wird ein Reis hervorgehen aus dem Stamm Isais und ein Zweig aus seiner Wurzel Frucht bringen." Die Heilsgeschichte wird damit tief in der Vergangenheit verankert und gipfelt im Messias, dessen Wiederkunft und bleibende Herrschaft im Himmel und auf Erden von den Menschen des Mittelalters heiß ersehnt wurde.

Der Text des Weihnachtsliedes „Es ist ein Ros entsprungen" erklärt sich damit neu: „Ein Ros" ist nicht etwa eine Rose, sondern ein Reis (also ein Zweig, vergleiche „Reisig"), und Jesse ist weder Jesus noch Jesaja, sondern eben jener Urahn aus dem Wurzel-Jesse-Motiv.

Die Wurzel Jesse auf dem Eingangsportal der San-Zeno-Basilika, Verona, 12. Jahrhundert

Es ist ein Ros entsprungen
aus einer Wurzel zart,
wie uns die Alten sungen,
von Jesse kam die Art

Historischer Pfarrgarten im Sauerland. Die Beete sind umsäumt mit Buchsbaumhecken. Der Buchs galt einstmals als Barriere gegen böse Geister und Dämonen

Die Erträge aus dem Pfarrgarten waren in alter Zeit unverzichtbar für die Ernährung der Pfarrfamilie

Geistlich und weltverbunden

Der Pfarrgarten

In früheren Jahrhunderten war der Pfarrgarten lebenswichtig für die Ernährung der Pfarrfamilie. Gemüse-, Kräuter- und Baumgarten wurden intensiv bewirtschaftet. Die Pfarrer bezogen seinerzeit ihren Lebensunterhalt in erster Linie aus Nutzungsrechten und Naturalleistungen. Erst ab dem 19. Jahrhundert erfolgte die schrittweise Umwandlung der Besoldung in ein geregeltes Gehalt, und die existentielle Bedeutung der Pfarrgärten ging rasch zurück.

An zentraler Stelle im Dorf gelegen, waren die ausgedehnten Pfarrgärten zusammen mit Kirche und Pfarrhaus prägend für das Ortsbild. In ihnen vereinten sich Elemente des Klostergartens (siehe Seite 22/23) und des traditionellen Bauerngartens. Typisch war eine streng geometrische Flächenaufteilung in Kreuzform mit Beeteinfassungen aus Buchsbaumhecken. Häufig anzutreffen waren Pflanzen mit christlichem Symbolwert und Gewächse, denen nachgesagt wurde, dass sie die Mächte der Finsternis vom Hause fernhielten.

Im 18. und 19. Jahrhundert verkündeten viele Pfarrer in ihrer Gemeinde nicht nur das Gotteswort, sondern waren dank ihrer Autorität und Bildung auch Lehrmeister für die Verbreitung fortschrittlicher Methoden im Obst- und Gemüseanbau. Die Situation der Landbevölkerung konnte auf diese Weise oft deutlich verbessert werden. Mit zunehmendem Wohlstand beschäftigten sich nicht wenige Pfarrer auf hohem Niveau mit schöngeistigen Dingen wie der Zierblumenzucht oder der Botanik.

Leider führte der wirtschaftliche Bedeutungsverlust vielerorts zum Verfall der Pfarrgärten. Nur wenige sind noch in der ursprünglichen Form eines dörflichen Nutz- und Ziergartens erhalten. Die Instandhaltung der weitläufigen Grundstücke bildet nicht selten eine erhebliche Belastung für die Gemeinden. Mancherorts gibt es aber erfolgreiche Initiativen, die das Pfarrgartengelände wieder zu neuem Leben erwecken und für Besucher öffnen: mit Spielgeräten als Erholungsanlagen für Familien, gepflegten Staudenpflanzungen oder Kunstobjekten unter freiem Himmel, als Begegnungsstätte und Veranstaltungsort.

Die Ros ist ohn Warum,
sie blühet, weil sie blühet,
sie acht nicht ihrer selbst,
fragt nicht, ob man sie siehet.

Angelus Silesius

Und er zeigte mir Bäume des Lebens

Der Baum

Bäume, die Essbares liefern, sind naturgemäß im Garten besonders beliebt. Und auch in der Bibel spielen sie die Hauptrolle: Olivenbaum und Feige, Granatapfelbaum und Dattelpalme. Aber auch Zedern, Eichen und Zypressen werden oft erwähnt.

Ein Baum im Garten ist mehr als eine Pflanze. Er ist eine Persönlichkeit. Ein alter Kirsch- oder Apfelbaum, ein Walnussbaum oder selbst eine bescheidene Eberesche – sie alle sind Begleiter durch das Jahr im Wandel der Jahreszeiten. Und mehr als das: Der vertraute Baum im Garten ist auch ein Begleiter durch das Leben, der wie wir Jugend, Reife und Alter durchmacht, bis wir uns schweren Herzens von ihm trennen – und er hoffentlich einem kleinen, aber hoffnungsvoll himmelwärts strebenden Jungbaum Platz macht.

Der Baum gilt als Mittler zwischen Himmel und Erde. Hoch gewachsen, tief verwurzelt, mit einem Stamm wie eine Säule und älter als ein Menschenleben, ist er ein kraftvolles Symbol in vielen Kulturen und Mythologien – so auch in der Bibel.

„Ich werde bleiben wie ein grünender Ölbaum im Hause Gottes; ich verlasse mich auf Gottes Güte immer und ewig." (Psalm 52,10) – Olivenhain in Galiläa

Bäume stehen am Beginn und am Ende der Bibel. Zum Paradiesgarten gehören der Baum der Erkenntnis und der Baum des Lebens. Als Adam und Eva die verbotenen Früchte vom Baum der Erkenntnis essen, führt das zum Bruch zwischen Gott und seinen Menschen – er gilt daher künftig als der Baum des Todes. Nach dem Sündenfall darf es nicht sein, dass die Menschen auch noch vom Baum des Lebens essen und Unsterblichkeit erlangen. Daher werden sie aus dem Paradies vertrieben.

Von da an ist der unerreichbare Baum des Lebens ein immer wiederkehrendes Motiv für Heil und Fülle und für den letztgültigen Sehnsuchtsort, wenn die Menschen wieder ganz nah bei Gott sind – so

Und Gott der Herr ließ aufwachsen aus der Erde allerlei Bäume, verlockend anzusehen und gut zu essen, und den Baum des Lebens mitten im Garten und den Baum der Erkenntnis des Guten und Bösen. 1. Mose 2,9

Und er zeigte mir (...) Bäume des Lebens, die tragen zwölfmal Früchte, jeden Monat bringen sie ihre Frucht, und die Blätter der Bäume dienen zur Heilung der Völker. OFFENBARUNG 22,1.2

Gewölbeschlussstein in der Kathedrale Sainte-Cécile in Albi, Südfrankreich (erbaut 1282–1390). Zwei Engel halten ein Kruzifix mit Blättern: das Kreuz als Lebensbaum

wie im neuen Jerusalem am Ende des Offenbarungsbuches. Die Bäume des Lebens tragen Blätter mit heilender Wirkung, und sie tragen das ganze Jahr über Früchte – Verheißungen für das, was kommen wird, den paradiesischen Anfängen wieder ganz nahe.
Dazwischen steht als entscheidender Wendepunkt in der Menschheitsgeschichte das Kreuz, das aufragt wie ein Baum. Seit ehedem wird es auch als Baum des Lebens gesehen, denn der Baum des Todes hat mit Kreuzigung und Auferstehung seine Macht verloren. So gibt es Darstellungen des Kreuzes als lebender Baum mit Blättern, Ranken und Blüten – ein Symbol des Lebens.

Der gedeihende Baum ist auch ein gern verwendetes Bild für das gute Menschenleben, so wie in dem bekannten Wort vom Baum am Wasser: Wer Gott und Glauben als Lebensquelle hat, zu der er sich „hin streckt", dem wird es an nichts fehlen. Heiße und dürre Zei-

ten können ihm nichts anhaben, er bleibt gelassen und mehr noch: Er trägt immerzu Früchte, auch unter widrigsten Bedingungen. Er erhält sich also nicht nur mühelos selbst, sondern kann sich auch noch verschenken. Ein wohltuendes Bild, wie geschaffen für all die stressgeplagten, ausgelaugten Menschen der modernen Zeiten. Wer an einem heißen Tag im Garten

Gesegnet ist der Mann, der sich auf den Herrn verlässt und dessen Zuversicht der Herr ist. Der ist wie ein Baum, am Wasser gepflanzt, der seine Wurzeln zum Bach hin streckt. Denn obgleich die Hitze kommt, fürchtet er sich doch nicht, sondern seine Blätter bleiben grün; und er sorgt sich nicht, wenn ein dürres Jahr kommt, sondern bringt ohne Aufhören Früchte. JEREMIA 17,7.8

oder Park im lindkühlen Schatten eines Baumes sitzt, kann es unmittelbar nachempfinden. Es ist, als ob der Baum etwas von der feuchten Kühle der Erde in die sonnendurchglühte Oberwelt bringen könnte, denn er hat Zugang zu unerschöpflichen Tiefen. Wenn wir an das Bibelwort denken, dann heißen die Wurzeln eines solchen Baumes: Vertrauen und Zuversicht auf Gott. Und der Segen fällt von seinen Zweigen.

Den Menschen der Bibel liegt jede Naturromantik fern. Ein Baum hat Früchte zu liefern, gut und reichlich, sonst ist er nichts wert. Deswegen droht dem Feigenbaum im Gleichnis die Axt. Es folgt ein Gespräch zwischen dem Besitzer und seinem Gärtner über Boden, Graben und Düngen, wie es jedem Gartenbesitzer rundum vertraut ist.

Er sagte ihnen aber dies Gleichnis: Es hatte einer einen Feigenbaum, der war gepflanzt in seinem Weinberg, und er kam und suchte Frucht darauf und fand keine. Da sprach er zu dem Weingärtner: Siehe, ich bin nun drei Jahre lang gekommen und habe Frucht gesucht an diesem Feigenbaum und finde keine. So hau ihn ab! Was nimmt er dem Boden die Kraft? Er aber antwortete und sprach zu ihm: Herr, lass ihn noch dies Jahr, bis ich um ihn grabe und ihn dünge; vielleicht bringt er doch noch Frucht; wenn aber nicht, so hau ihn ab. LUKAS 13,6-9

gen Weingärtner und den unvollkommenen Reben mit ihrer fatalen Neigung, davonzuwuchern statt Früchte zu tragen. Den Reben bietet sich damit eine ausgesprochen lebensfreundliche Ausgangslage: Statt sich im steinigen Boden zu verkämpfen, haben sie eine feste Basis im Rebstock, der unerschütterlich und festverwurzelt steht und bereit hält, was sie zum Wachsen, Blühen und Fruchten brauchen. Aus dem Rebstock strömt pure Lebenskraft, die Reben können frei dem Licht zu wachsen, solange sie nur die Verbindung halten.

Wie diese Verbindung für jede und jeden von uns konkret aussieht, ist weit gefasst – ob Gottesdienst oder stilles Gebet, Meditation, Gesprächskreis oder die schlichte Frage: Sind es Früchte der Liebe, die ich bringe? Lebenswichtig ist allein die alltägliche Frage: Bin ich noch „dran“?

Die Weingärten Israels

In biblischer Zeit waren Weingärten überaus wertvoll und ein Zeichen von Reichtum. Anlage und Pflege waren aufwendig. Der Boden musste vorbereitet und bepflanzt werden, eingezäunt oder ummauert, ein Wachturm und eine Kelter gebaut. Die Früchte dieses Tuns erfuhren höchste Wertschätzung. Süße Trauben, Rosinenkuchen und Wein waren Hochgenüsse zu einer Zeit, die den meisten Menschen nur wenig Gaumenfreuden bot. Wein wurde bei Festen getrunken und für Gäste bereit gehalten.

Im Bibelgarten der Nazareth-Kirche, Twist

Das „Felsengrab“ im Bibelgarten an der Alexanderkirche in Wildeshausen

Geerdete Botschaft
Bibelgärten

Einen neuen Zugang zur Bibel mit allen Sinnen bieten die Bibelgärten, von denen es in Deutschland mittlerweile über hundert gibt. Die Besucher können biblische Pflanzen von Aloe bis Zeder betrachten und erleben – in ihrer Kargheit oder Schönheit, ihrer Stacheligkeit oder ihrem Duft. Auf Schildern wird der Zusammenhang der Pflanzenarten mit Geschichten, Gleichnissen oder der Lebenswelt der Bibel erläutert, oft gibt es auch eine Broschüre oder sogar eine Audiotour. Was auf Bibelseiten vielleicht fern und fremd erscheint wie aus einer anderen Welt, wird auf diese Weise im wahrsten Wortsinn anschaulich, greifbar, geerdet.

Um die Welt der Bibel zum Leben zu erwecken, hat man häufig Landschaften und Szenerien gestaltet. So entsteht zum Beispiel aus Trockenmauern, Sand und Kies ein wüstenähnliches Gelände, bepflanzt mit Ginsterbüschen und sonstigem spärlichem Bewuchs. Im Bereich „Schöpfung“ stehen vielleicht ein Granatapfel- und ein Feigenbaum an einem Bachlauf mit üppigem Blumenflor. In einer Nutzpflanzenzone mit Getreide, Linsen, Oliven und Flachs wird der Alltag im alten Israel lebendig.

Viele Bibelgärten beschränken sich nicht streng auf die biblischen Inhalte, sondern beziehen auch kulturelle Themen ein, wie die Tradition der Klostergärten mit Heilpflanzen aus der „Apotheke Gottes“. Sie zeigen und erklären alte Symbolpflanzen oder Gewächse mit christlich geprägten Namen wie Christrose, Passionsblume oder Engelstrompete.

Der Aussageschwerpunkt der Bibelgärten kann dabei recht unterschiedlich sein. Die einen legen großen Wert auf den botanischen und bibelkundlichen Bildungsaspekt, andere haben vor allem meditativen Charakter: Ein sorgfältig mit Wasser, Steinen und Bäumen gestaltetes Ambiente lädt ein zum Innehalten und zur Besinnung. Allen Formen gemeinsam ist der anregende und wohltuende Impuls durch die Gartenszenerie mit ihrer biblischen Pflanzenwelt.

Bibelgärten in Ihrer Nähe finden Sie zum Beispiel über das Internet unter der Adresse www.bibelgarten.info/bibelgaerten.html

Blühende Pracht im Bibelgarten an der evangelischen Kirche von Hirschberg-Leutershausen

Bibel wird lebendig: Ein begehbares Modell des heiligen Landes zur Zeit Jesu …

… und eine kunterbunte Schafherde im Bibelgarten der evangelischen Kirchengemeinde Heimsheim

Bleibt hier und wachet

Der Garten Gethsemane

Der Garten Gethsemane

Der bekannteste Garten der Bibel – neben dem legendären Garten Eden – ist wohl der Garten Gethsemane bei Jerusalem. Hierher ist Jesus mit seinen Jüngern oft gegangen. Hier wird er sich von ihnen trennen. In einsamer Verzweiflung betet er zu Gottvater – die Jünger sind eingeschlafen. Der Geist ist willig, aber das Fleisch ist schwach. Dann kommt man ihn holen, „mit Schwertern und mit Stangen", wie einen gefährlichen Verbrecher. Ein Jünger – im Johannes-Evangelium ist es Petrus –

Meister von Hohenfurth, „Christus am Ölberg", um 1350. Interessant ist hier die Darstellung des Gartens. Man beachte auch die farbenfrohen übergroßen Vögel, die eindeutig als europäische Arten zu erkennen sind: Stieglitz, Dompfaff und Wiedehopf

Blick auf den Ölberg heute. Die katholische „Kirche der Nationen“ wurde 1924 nahe dem vermuteten Standort des Gartens Gethsemane in internationaler Zusammenarbeit errichtet

Und sie kamen zu einem Garten mit Namen Gethsemane. Und er sprach zu seinen Jüngern: Setzt euch hierher, bis ich gebetet habe. Und er nahm mit sich Petrus und Jakobus und Johannes und fing an zu zittern und zu zagen und sprach zu ihnen: Meine Seele ist betrübt bis an den Tod; bleibt hier und wachet! Und er ging ein wenig weiter, warf sich auf die Erde und betete, dass, wenn es möglich wäre, die Stunde an ihm vorüberginge, und sprach: Abba, mein Vater, alles ist dir möglich; nimm diesen Kelch von mir; doch nicht, was ich will, sondern was du willst!

Markus 14,32-36

Am Ort des Geschehens

Der Name Gethsemane bedeutet „Ölkelter“. Man nimmt deshalb an, dass es sich um einen Ölgarten gehandelt hat. Er befand sich am Fuße des Ölbergs, der sich östlich der Altstadt von Jerusalem erhebt. Die genaue Lage des Gartens lässt sich nicht mehr sicher rekonstruieren. An einem der möglichen Standorte kann man heute ein Gelände mit uralten Olivenbäumen besuchen, die schon zu Lebzeiten Jesu existiert haben könnten.

Tausendjähriger Olivenbaum an dem Ort, wo einmal der Garten Gethsemane gelegen haben könnte

antwortet mit gleichen Mitteln, mit dem Schwert. Jesus ruft ihn zurück und lässt sich abführen.

Täglich hätte man ihn im Tempel verhaften können. Stattdessen ergreift man ihn hier, an diesem einsamen Ort, bei Nacht und Nebel. Ein allzu bekanntes Schicksal derer, die von den Machthabern beiseite geschafft werden sollen: Man holt sie heimlich, im Dunkeln. So vermeidet man Ärger, einen Volksaufstand womöglich.

Erst ein Ort der Geborgenheit, Gemeinschaft, Gottesnähe, wird dieser Garten für Jesus zum Schicksalsort, an dem sein schwerer Weg beginnt. Er hätte sich verstecken können, davonlaufen, untertauchen, wenigstens zur Wehr setzen. Doch nein, er geht seinen Weg konsequent weiter, er lässt sich nicht davon abbringen – bis zum bitteren Ende.

Es erschien ihm aber ein Engel vom Himmel und stärkte ihn. Und er rang mit dem Tode und betete heftiger. Und sein Schweiß wurde wie Blutstropfen, die auf die Erde fielen.

LUKAS 22,43.44

Ölberggruppe (von 1723) an der Südfassade der katholischen Pfarrkirche St. Wenzeslaus in Litzendorf, Oberfranken. Während Jesus verzweifelt betet, liegen die Jünger in tiefem Schlummer; von der Stadt rechts oben her nähern sich schon die Soldaten

Ölberggruppen – trostreich im Angesicht des Todes

Die zutiefst menschliche Szene, als Jesus im Garten Gethsemane betet, hat die Menschen von jeher im Innersten berührt. Landauf, landab findet man sie in figürlichen Ölberggruppen dargestellt: als dreidimensionales Bild unter freiem Himmel – noch lebendiger, den Menschen näher als Fresken und Ölgemälde, fast so, als wäre man wirklich dabei.

Die klassischen Elemente sind der betende Jesus und die drei Jünger in tiefem Schlummer, dazu der Engel, der in der Variante des Lukas-Evangeliums vom Himmel kommt und ihn stärkt. Gerade diese Zeilen sind allerdings im Urtext wahrscheinlich gar nicht enthalten gewesen, sondern wurden später ergänzt. Ein menschenfreundlicher Akt: So viel Verlassenheit ist schier nicht zu ertragen, das kann und darf nicht sein – da muss doch noch ein Engel kommen!

Von der Zeit um 1500 bis ins 18. Jahrhundert hinein waren Ölberggruppen im deutschsprachigen Raum sehr verbreitet. Sie spielten eine große Rolle im Totenkult, daher dürfte fast jede größere Pfarrei eine Ölberggruppe besessen haben. Oft recht volkstümlich in der Darstellung, waren sie als Reliefs oder Skulpturen außen an den Kirchen angebracht, in Nischen oder freistehend, meist in der Nähe der Friedhöfe.

Im späten Mittelalter war durch die hohe Kindersterblichkeit, durch Seuchen, Hungersnöte und Krieg der Tod den Menschen viel gegenwärtiger als heute. Dem verzweifelten Jesus im Angesicht des Todes fühlten sie sich sehr nahe. Seine Bereitschaft, den Kelch anzunehmen, den ihm in den Ölbergszenen meist der Engel reichte, war ihnen Trost und Hilfe. Die Reformation überlebten die Skulpturen meist unbeschadet, da sie im Unterschied zu vielen anderen figürlichen (Heiligen-) Darstellungen nicht als „Götzen" angesehen wurden, die dem Bildersturm zum Opfer fielen. Viele Ölbergfiguren wurden erst im 20. Jahrhundert entfernt.

Im Garten ein neues Grab

Jesus als Gärtner

Jesus als Gärtner

Am Ende des Weges Jesu auf der Erde spielen Gärten eine bemerkenswerte Rolle. Bei seiner Festnahme ist es der Garten Gethsemane, nach der Kreuzigung findet er sein Grab in einem Garten. Dies mag Bezug nehmen auf die Sitte aus alter Zeit, das Grabmal des Königs in seinem Garten zu errichten. Es sagt uns aber noch mehr: In jedem Garten schwingt eine Ahnung vom Garten Eden mit. Fruchtbarkeit, Werden und Wachsen – alles, was wir eben nicht mit dem Tod verbinden. Auch unsere Friedhöfe bieten eine trostreiche Umgebung, wenn das Leben um die Gräber herum grünt und blüht. Wie es schon immer war, im Wandel der Jahreszeiten, und immer bleiben wird. Ein Kommen und Gehen. Und Wiederkommen.

Es war aber an der Stätte, wo er gekreuzigt wurde, ein Garten und im Garten ein neues Grab, in das noch nie jemand gelegt worden war. Dahin legten sie Jesus. JOHANNES 19,41.42

Als sie das sagte, wandte sie sich um und sieht Jesus stehen und weiß nicht, dass es Jesus ist. Spricht Jesus zu ihr: Frau, was weinst du? Wen suchst du? Sie meint, es sei der Gärtner, und spricht zu ihm: Herr, hast du ihn weggetragen, so sage mir, wo du ihn hingelegt hast; dann will ich ihn holen. Spricht Jesus zu ihr: Maria! Da wandte sie sich um und spricht zu ihm auf Hebräisch: Rabbuni!, das heißt: Meister! Spricht Jesus zu ihr: Rühre mich nicht an! Denn ich bin noch nicht aufgefahren zum Vater.

Johannes 20,14-17

Maria von Magdala geht zum Grab Jesu und findet es leer. Nicht einmal den vergänglichen Leib des Gekreuzigten hat man ihr gelassen. Dann steht Jesus vor ihr, aber sie erkennt ihn nicht. Sie hält ihn für den Gärtner. Ein Gedanke, so ganz von dieser Welt: Wer hätte hier etwas verloren, in diesem einsamen Garten? Der Gärtner! In ebenso verzweifelter wie sinnloser Hoffnung fragt sie den Fremden: Hast du ihn weggetragen? Da gibt sich Jesus zu erkennen: Er ist da, in unserer Welt, in diesem Garten, und doch nicht greifbar: „Rühr mich nicht an" – auf Lateinisch „Noli me tangere". Ein Augenblick zwischen Nähe und Abwehr. In vielen Bildern wurde dieser Moment wiedergegeben, in Ölgemälden, Fresken, Holzschnitten. Mehr oder weniger ausführlich haben die Maler die Gartenszenerie aufgegriffen, und oft hält Jesus einen Spaten in der Hand. Es mag uns kurios erscheinen: Ein so profanes Gerät in der Hand des Auferstandenen. Aber das Bild erzählt eine Geschichte von Hoffnung und von Zukunft, die in die Hand genommen werden will: Arbeiten in der Erde, auf Erden – und Großes wird wachsen.

Jan Bruegel d. J. (Landschaft, Pflanzen, Tiere) und Hendrick van Balen (Figuren), „Noli me tangere", ca. 1620/30 (Ausschnitt). Die Szene wird bildhaft, nicht realistisch nacherzählt: Jesus hält einen Spaten in der Hand. In der bäuerlich geprägten Vergangenheit muss dieses Motiv die Menschen besonders angesprochen haben. Der Garten, in dem sich die Begegnung mit dem Totgeglaubten ereignet, ist ein freundlicher, heiterer Ort voll kraftvoller Farben. Der Weg zwischen den Bäumen weist in eine helle Zukunft

Bibelstellenverzeichnis

Die Autorin

Astrid Meinbrok, geboren 1958 in Detmold, nach dem Studium der Landespflege und Biologie Berufstätigkeit für verschiedene Verlage in den Fachgebieten Natur, Garten, Kulinarik, Theologie. Langjährig ehrenamtlich engagiert in der evangelischen Erwachsenenbildung, Schwerpunkt Bibelarbeit.

Textnachweis

Seite 27: Klaus-Peter Hertzsch, Das Leben steht in Blüte,
© mit freundlicher Genehmigung des Autors.
Seite 49: Hans-Jürgen Netz, Wo ein Mensch vertrauen gibt,
aus: Oekumene heute, Mein Liederbuch 2, 1992,
alle Rechte im tvd-Verlag, Düsseldorf.

Wir haben uns bemüht, alle Zitate zu verifizieren und mit einem Quellenhinweis zu belegen. Dies ist uns in einigen Fällen nicht gelungen. Wir bitten die Autoren oder Verlage dieser Textstellen, mit uns Verbindung aufzunehmen.

Die Bibelzitate sind entnommen aus: Lutherbibel, revidierter Text 1984, durchgesehene Ausgabe in neuer Rechtschreibung. © 1999 Deutsche Bibelgesellschaft, Stuttgart.

Bildnachweis

Titel: © iStockphoto.com/AWSeebaran; **Umschlagrückseite li.:** © kasparart/Fotolia.com; **Umschlagrückseite 2. v. li.:** © Marco2811/Fotolia.com; **Umschlagrückseite 3. v. li.:** © Kuzeytac/Fotolia.com; **Umschlagrückseite re.:** Sandro Botticelli, „Christus am Ölberg", um 1499, © akg-images/Erich Lessing; **Seite 2/3:** © Rainer Sturm/PIXELIO; **Seite 4:** © Panthermedia/Gerald Kiefer; **Seite 5:** © Vitas/Fotolia.com; **Seite 6:** © linjerry/Fotolia.com; **Seite 7:** © Panthermedia/Ingrid Hake; **Seite 8:** © iStockphoto.com/starman963; **Seite 9:** © yuliakotina/Fotolia.com; **Seite 10 re. u.:** © Panthermedia/Gaby Fitz; **Seite 11:** Die königlichen Gärten von Alcazar, Sevilla, © Rainer Sturm/PIXELIO; **Seite 12 o.:** © Panthermedia/Christian Müller; **Seite 12 Mi.:** © E. Schittenhelm/Fotolia.com; **Seite 12 u.:** © LianeM/Fotolia.com; **Seite 13 o.:** © neirfy/Fotolia.com; **Seite 13 Mi.:** © Stefan Körber/Fotolia.com; **Seite 13. u.:** © Jeanette Dietl/Fotolia.com; **Seite 15:** © Sunny studio/Fotolia.com; **Seite 16 o.:** © Rainer Ludwig/Fotolia.com; **Seite 16 u.:** © Schlierner/Fotolia.com; **Seite 17:** © Marco Barnebeck (Telemarco)/PIXELIO; **Seite 18:** © PhotoSG/Fotolia.com; **Seite 19:** © Panthermedia/bouvier sandrine; **Seite 20/21:** © Stefan Körber/Fotolia.com; **Seite 22:** © DoraZett/Fotolia.com; **Seite 23:** © iStockphoto.com/manu10319; **Seite 24:** © Panthermedia/Randolf Berold; **Seite 25:** © lermannika/Fotolia.com; **Seite 26/27:** © Reicher/Fotolia.com; **Seite 28/29:** © martin33/Fotolia.com; **Seite 30:** © Rainer Sturm/PIXELIO; **Seite 31 o.:** © Yasonya/Fotolia.com; **Seite 31 Mi.:** © bpk/Dietmar Katz; **Seite 32:** © Marina Lohrbach/Fotolia.com; **Seite 33:** © bpk/Hermann Buresch; **Seite 34 Hintergrund:** © iStockphoto.com/Mordolff; **Seite 34 u.:** © Halfpoint/Fotolia.com; **Seite 35 o. li.:** © iStockphoto.com/wsfurlan; **Seite 36:** © cmfotoworks/Fotolia.com; **Seite 37:** © Markus Mainka/Fotolia.com; **Seite 38:** © iStockphoto.com/aerogondo; **Seite 39:** © Eva Platz; **Seite 41:** © cmfotoworks/Fotolia.com; **Seite 42 o.:** © akg/Bildarchiv Monheim; **Seite 42 u.:** © Sternstunden/Fotolia.com; **Seite 43 u.:** © akg/Bildarchiv Monheim; **Seite 45:** © Alexander Raths/Fotolia.com; **Seite 46:** © Phish Photography/Fotolia.com; **Seite 47:** © goldsaint/Fotolia.com; **Seite 48:** © iStockphoto.com/shippee; **Seite 49:** © Panthermedia/Ben Goode; **Seite 50/51:** © Anne Kuhn; **Seite 52 o.:** © DenisNata/Fotolia.com; **Seite 52 u.:** © magann/Fotolia.com; **Seite 53:** © revelpix/Fotolia.com; **Seite 54:** © ro18ger/PIXELIO; **Seite 55:** © akg-images/De Agostini Picture Lib./A. Dagli Orti; **Seite 56 o.:** © Panthermedia/Martina Berg; **Seite 56 u.:** © Panthermedia/Brigitte Götz; **Seite 57:** © BeTa-Artworks/Fotolia.com; **Seite 58:** Zweig der Dattelpalme, © denira/Fotolia.com; **Seite 60:** © akg-images/Michel Escourbiac; **Seite 61:** © Rhombur/Fotolia.com; **Seite 62:** © Panthermedia/Liane Matrisch; **Seite 63:** © paffy/Fotolia.com; **Seite 64:** © Panthermedia/Ewald Fröch; **Seite 65 o.:** © Jürgen Fälchle/Fotolia.com; **Seite 65 u.:** © Rostislav Sedlacek/Fotolia.com; **Seite 66:** © Silvano Rebai/Fotolia.com; **Seite 67 o. re.:** © Christian Stoll/Fotolia.com; **Seite 67 u. li.:** © RainerSturm/PIXELIO; **Seite 68 o.:** © Dr. Silke Hirndorf; **Seite 68 u.:** © Klaus Stölting; **Seite 69 o. li. und o. re.:** © Andrea Müller-Bischoff; **Seite 69 u. li. und u. re.:** © Christian Tsalos; **Seite 70:** © akg-images/Erich Lessing; **Seite 71 o. li.:** © danako/Fotolia.com; **Seite 71 o. re.:** © toshket/Fotolia.com; **Seite 71 u.:** © Kushnirov Avraham/Fotolia.com; **Seite 72 o.:** © Dufra/Fotolia.com; **Seite 72 u. li.:** © Andrea Wilhelm/Fotolia.com; **Seite 75:** © Panthermedia/Steven Heap; **Seite 76:** © Vilor/Fotolia.com; **Seite 77:** © IAM/akg-images.

© Agentur des Rauhen Hauses Hamburg 2014
www.agentur-rauhes-haus.de

Satz und Gestaltung: Anne Kuhn, Ludwigsburg
Druck: L.E.G.O., Vicenza, Italien

ISBN 978-3-7600-1722-8
Best.-Nr. 1 1722-8